Homework Helpers
Word Searches Grade 1

As a parent, you want your child to enjoy learning and to do well in school. The activities in the *Homework Helpers* series will help your child develop the skills and self-confidence that lead to success. Humorous illustrations make these practice activities interesting for your child.

HOW TO USE THIS BOOK

- Provide a quiet, comfortable place to work with your child.

- Plan a special time to work with your child. Create a warm, accepting atmosphere so your child will enjoy spending this time with you. Provide as much help as your child needs to be successful. Limit each session to one or two activities.

- Check the answers with your child as soon as an activity has been completed. (Be sure to remove the answer pages from the center of the book before your child uses the book.)

- The activities in this book were selected from previously published Frank Schaffer materials.

- These activities are designed to strengthen your child's vocabulary and word recognition skills. Each word search focuses on vowel sounds, word opposites, picture words, or sight words in sentences.

ISBN #0-86734-136-X

FS-8169 Homework Helpers—Word Searches Grade 1
All rights reserved—Printed in the U.S.A.
Copyright © 1992 Frank Schaffer Publications, Inc.
23740 Hawthorne Blvd., Torrance, CA 90505

This book or parts thereof may not be reproduced in any form or mechanically stored in any retrieval system without written permission from the publisher.

Homework Helper Record

Color the spot for each activity you complete.

Mystery Words

```
s n a k e m j p t
r w y i e k a o c
k t m r z o y v a
d a r a k e l u v
m i c f u j y s e
p l m p a i n t b
```

paint

jay

tail

snake

rake

cave

Hide and Seek

```
b z s q t e m u c
h p a k m a i l r
a g i v c n s f a
y t l y j a l t y
m d x s w i x i o
p a i l t l r y n
```

crayon

sail

pail

mail

hay

nail

Go Hunting

f	b	e	l	l	n	y	h	b
a	p	s	n	e	s	t	r	t
w	e	b	z	i	l	p	w	e
l	v	q	e	y	x	h	d	n
b	e	l	t	b	j	e	g	t
d	k	c	g	a	l	n	t	c

bell

web

belt

nest

tent

hen

Hidden Words

```
s j u n g t b e e
h t r e e d h y a
e s k d r f q j n
e s f e e t v e y
p g t x t l a e p
c d e e r n s p b
```

bee

deer

tree

jeep

sheep

feet

Hunting for Words

b	i	b	z	u	m	i	l	k
r	c	e	w	m	r	g	s	r
f	m	i	t	t	x	y	f	o
p	r	d	e	j	c	h	i	g
i	b	h	i	l	l	e	s	h
g	l	m	h	y	k	t	h	r

bib

pig

mitt

fish

hill

milk

I Spy

```
k i t e k l e y g
x s y t c i l w h
r e f t g d h i d
o y m i p x j g s
r w j e a p c z m
p i e n v p i n f
```

kite
pin
lid
tie
pie
wig

Word Hunt

```
q h b x b o n e t
h y c p g j v u r
o l t o a s t m o
s w m u r y k b p
e z s o a p s c e
m i g o a t x l b
```

 goat

 toast

 bone

 rope

 hose

 soap

Find It!

```
c o n e n l h o e
e v f p r m w g q
n o s e o l b x d
l p h y a r o m y
b r z t d a a i c
t o e b x j t s k
```

 nose

 toe

 hoe

 cone

 road

 boat

Fun Hunt

r	c	h	u	t	j	k	a	d
u	q	m	b	s	d	u	c	k
g	t	b	u	s	z	o	g	b
c	r	v	e	m	e	d	s	r
n	c	u	p	f	l	j	u	h
x	a	w	f	p	h	y	n	g

 cup

 sun

 duck

 rug

 bus

 hut

Word Search

```
b h u z t t a c g
j u g v l a o a c
s y f c r p z n r
x - r a y e q e a
y q k f e m w j i
d s u b x a d c n
```

 cane

 jug

 sub

 rain

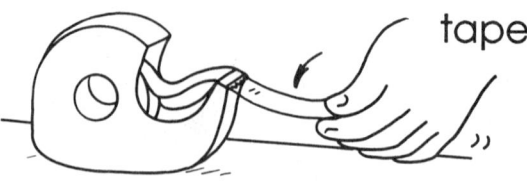 tape

 x-ray

People and Places

a	g	i	l	b	o	k	c	t
k	m	a	g	i	c	i	a	n
k	j	q	u	x	x	n	s	k
g	c	l	o	w	n	g	t	w
q	u	m	q	k	z	y	l	n
t	q	u	e	e	n	z	e	x
y	m	u	s	e	u	m	q	u

king

queen

magician

castle

clown

museum

Around the House

```
b r u q y k e j s
r z p a i n t x o
u e k k a q n z a
s y r e g a t e p
h y s y b r u o m
d b e d r o o m d
```

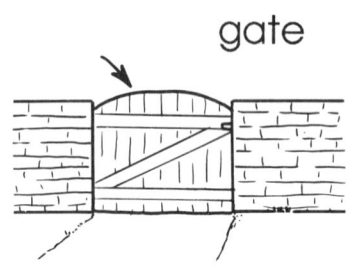
gate

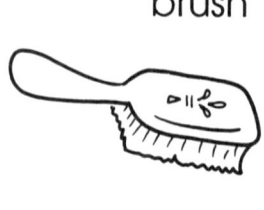
brush

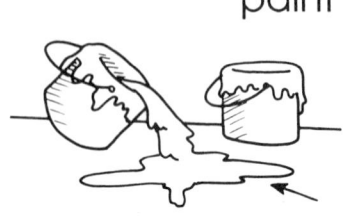
paint

soap

bedroom

key

Animal Babies

```
k i t t e n u r f
l b z p y l t u a
f c a l f a k x w
n a f k o m o s n
l z m b j b c u b
p u p p y d y l f
```

calf

kitten

lamb

cub

puppy

fawn

Animal Homes

c	a	v	e	z	l	h	r	p
h	q	a	y	v	e	i	j	a
w	a	z	o	o	z	v	r	r
e	z	x	j	g	q	e	k	k
b	v	n	e	s	t	f	t	x
q	d	r	k	x	e	b	s	t

 web

 park

 hive

 cave

 zoo

 nest

Playtime

```
p p t r c y c t x
i c c s s l i d e
c n l w u i k j a
n t r i c y c l e
i w z n c a n o e
c s l g e q k e z
o m s a n d b o x
```

 slide

 picnic

 canoe

 tricycle

 sandbox

 swing

Dress Up

```
z o s c o m b c n
i d n w m n r i e
p r i n g h x z c
p x e a r r i n g
e z i c q e a g x
r n e c k l a c e
b r a c e l e t k
```

 bracelet

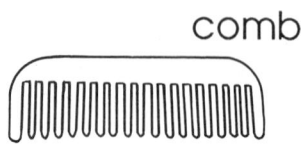 comb

 earring

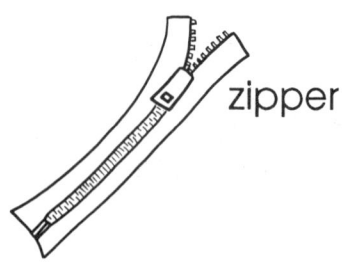 zipper

 necklace

 ring

Places

l	i	g	u	c	h
i	q	v	k	a	x
g	z	o	q	s	m
h	s	c	p	t	u
t	q	i	z	l	s
h	z	o	o	e	e
o	l	z	a	r	u
u	m	u	q	j	m
s	p	a	r	k	g
e	q	c	a	v	e

 lighthouse

 castle

 cave

 park

 zoo

 museum

It's Spring

```
g a r d e n
c r q z t r
a l u w x d
t r m n q k
e a b x k e
r k r a k e
p u e c h q
i r l k o e
l n l q e x
l c a q l s
a r o b i n
r o o b w h
```

caterpillar
robin
hoe
umbrella
rake
garden

Autumn

s	u	l	g	f	s
c	m	p	f	g	c
h	x	p	l	u	a
o	a	u	a	r	r
o	p	m	s	v	e
l	h	p	h	n	c
b	a	k	l	u	r
o	y	i	i	o	o
o	q	n	g	j	w
k	t	z	h	x	m
s	x	u	t	m	n
a	u	t	u	m	n

schoolbooks

scarecrow

pumpkin

flashlight

hay

autumn

Moving Along

t	x	x	i	i	h
s	t	h	c	i	e
u	r	x	e	y	l
b	i	j	s	c	i
m	c	w	k	y	c
a	y	r	a	f	o
r	c	x	t	k	p
i	l	c	e	x	t
n	e	c	s	f	e
e	n	e	v	x	r
x	r	a	f	t	a
w	t	a	x	i	f

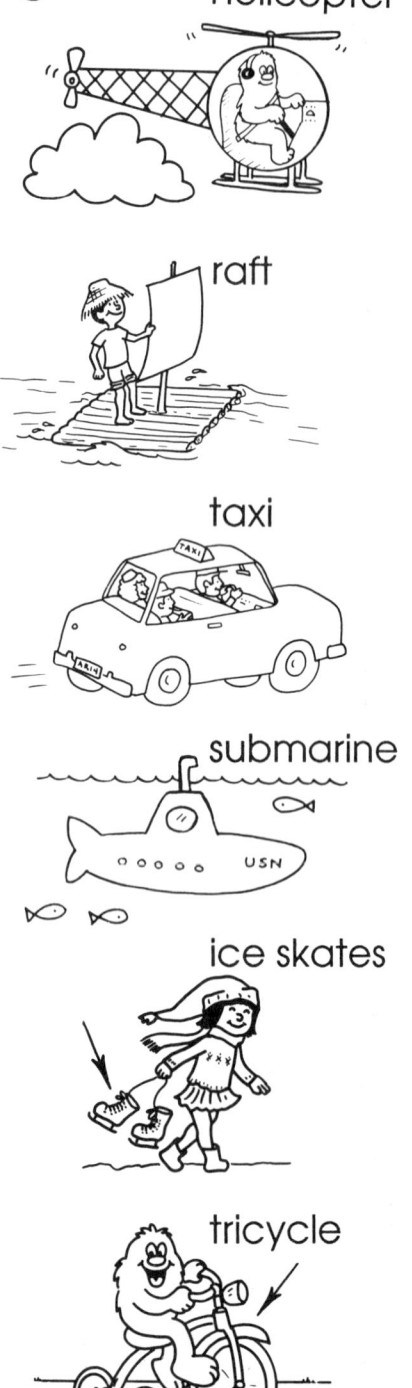

helicopter
raft
taxi
submarine
ice skates
tricycle

Back and Front

f	r	o	n	t	t	r	t	l
f	r	n	t	v	e	a	t	i
g	w	h	i	t	e	f	l	t
v	e	g	o	o	d	t	e	t
l	t	t	e	r	r	e	f	l
n	t	g	d	a	f	r	r	e
a	b	o	v	e	a	b	v	e

Opposite of **back**
Opposite of **bad**
Opposite of **before**
Opposite of **below**
Opposite of **big**
Opposite of **black**

Word Box
front
above
good
after
little
white

Clean and Dirty

f	d	i	r	t	y	e	h	k	
h	b	a	m	c	e	u	d	g	
x	c	r	y	o	d	s	a	i	
w	l	h	o	l	r	j	y	n	
t	a	z	c	d	d	o	w	n	
d	a	r	k	b	s	s	l	m	
h	q	e	p	s	t	d	j	p	

Opposite of **hot**

Opposite of **up**

Opposite of **clean**

Opposite of **light**

Opposite of **night**

Opposite of **laugh**

Word Box
day
cry
cold
dark
down
dirty

Fast and Slow

```
r e m e m b e r q
n t s g s v o j l
l w l d t a s r a
o e o k n e a r s
s r w i s g n l t
t g c h f f d i v
b e c m o t h e r
```

Opposite of **far**
Opposite of **first**
Opposite of **father**
Opposite of **fast**
Opposite of **found**
Opposite of **forget**

Word Box
lost
near
slow
last
mother
remember

Hard and Soft

n	i	f	d	s	k	q	r	l
h	u	v	e	o	x	b	w	s
t	g	z	o	f	e	a	m	t
a	o	l	j	t	d	d	c	o
k	t	t	e	f	j	u	l	p
e	t	s	a	d	o	q	f	h
l	f	b	g	s	s	h	e	l

Opposite of **go**
Opposite of **he**
Opposite of **give**
Opposite of **good**
Opposite of **hard**
Opposite of **happy**

Word Box
bad
she
take
soft
sad
stop

Pull-Out Answers

Page 1 – Mystery Words

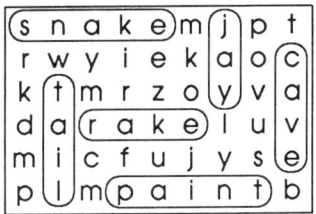

Page 2 – Hide and Seek

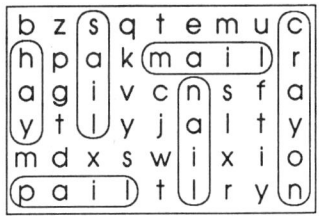

Page 3 – Go Hunting

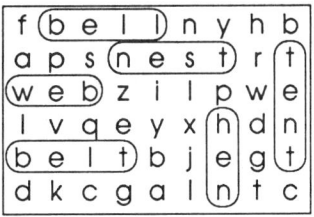

Page 4 – Hidden Words

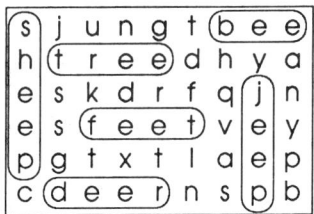

Page 5 – Hunting for Words

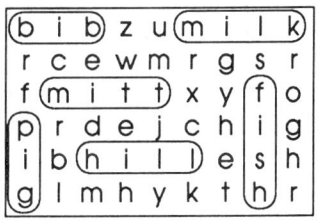

Page 6 – I Spy

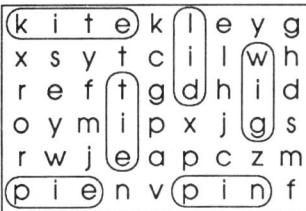

Page 7 – Word Hunt

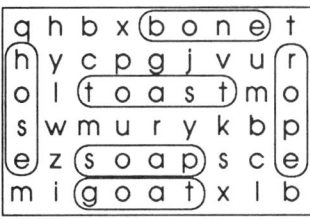

Page 8 – Find It!

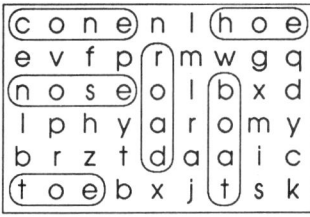

Page 9 – Fun Hunt

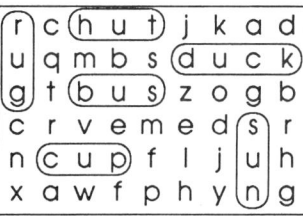

Page 10 – Word Search

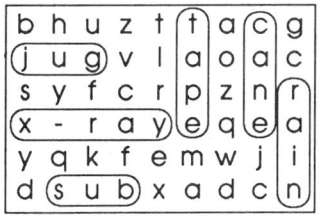

Page 11 – People and Places

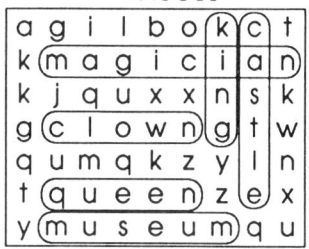

Page 12 – Around the House

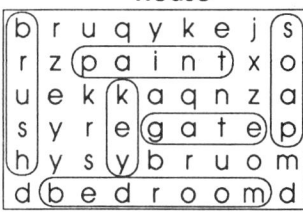

Page 13 – Animal Babies

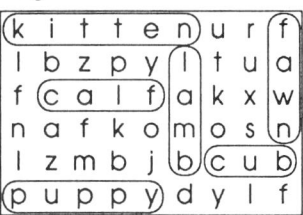

Page 14 – Animal Homes

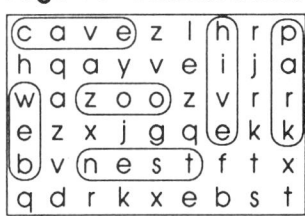

Page 15 – Playtime

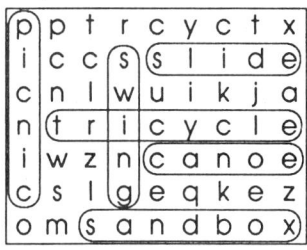

© Frank Schaffer Publications, Inc.   A   FS-8169 Homework Helpers—Word Searches 1

Pull-Out Answers

Page 16 – Dress Up

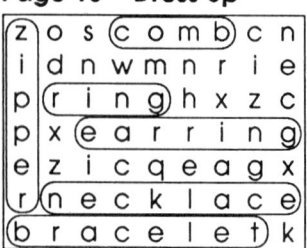

Page 17 – Places

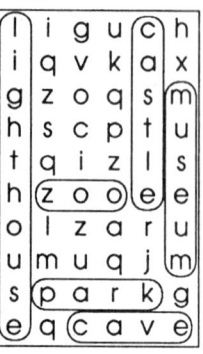

Page 18 – It's Spring!

Page 19 – Autumn

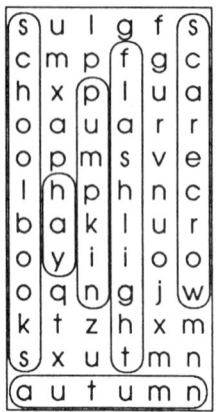

Page 20 – Moving Along

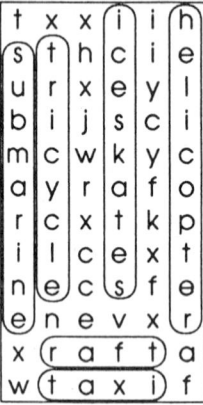

Page 21 – Back and Front

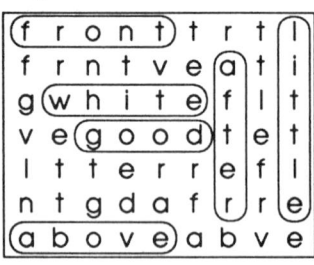

Page 22 – Clean and Dirty

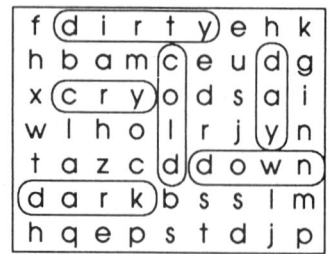

Page 23 – Fast and Slow

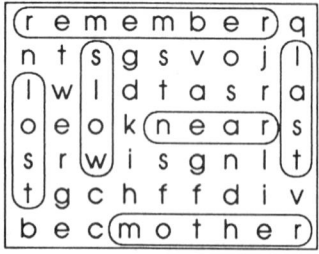

Page 24 – Hard and Soft

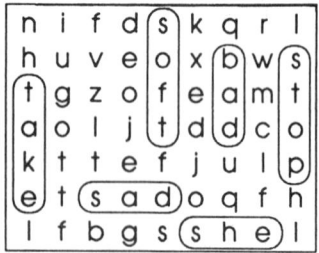

Page 25 – Girl and Boy

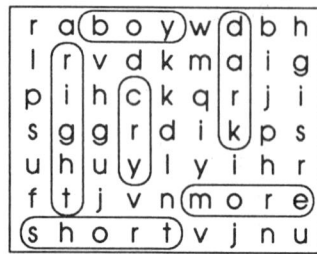

© Frank Schaffer Publications, Inc.   B   FS-8169 Homework Helpers—Word Searches

Pull-Out Answers

Page 26 – Night and Day
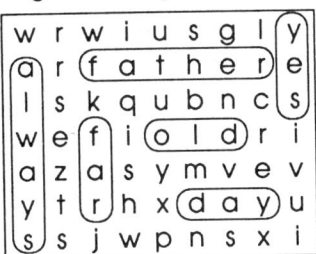

Page 27 – Open and Close
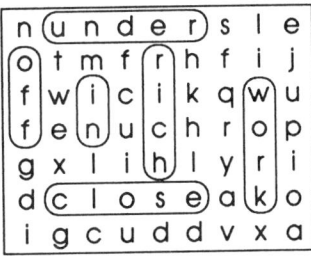

Page 28 – Short and Long
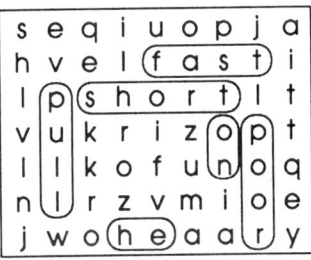

Page 29 – Add and Subtract
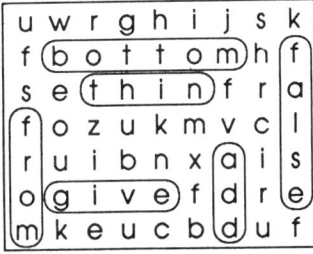

Page 30 – Yes and No
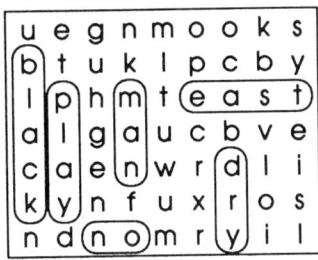

Page 31 – Hide and Seek
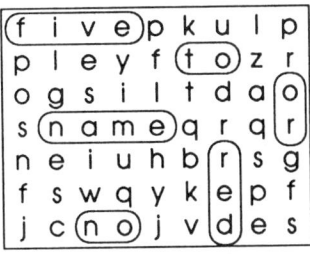

Page 32 – Are the Words Here?
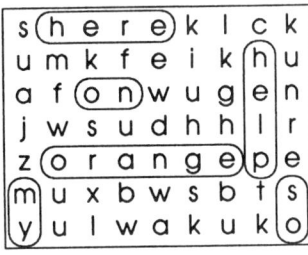

Page 33 – Do You See the Words?
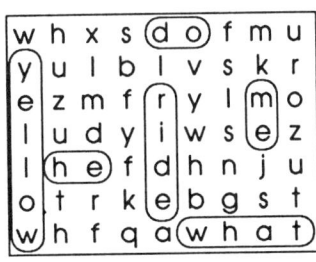

Page 34 – Look for the Words
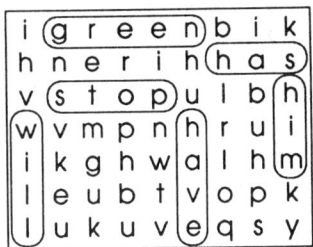

Page 35 – Find the Words
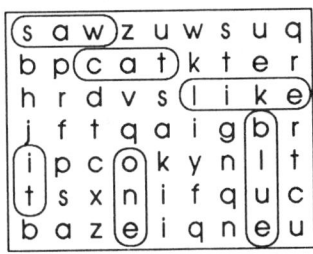

Page 36 – Jump Right In!
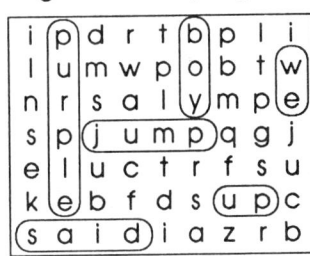

Page 37 – Use Your Eyes
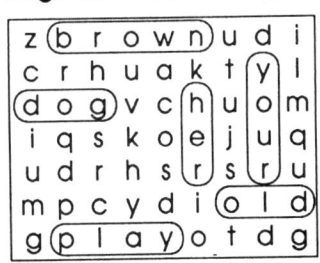

© Frank Schaffer Publications, Inc.   FS-8169 Homework Helpers—Word Searches

Pull-Out Answers

Page 38 – Find All the Words
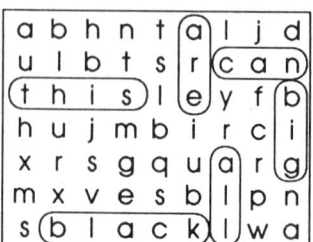

Page 39 – Hunt for the Words
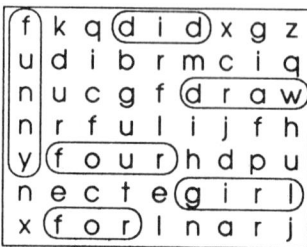

Page 40 – Find the Words Now
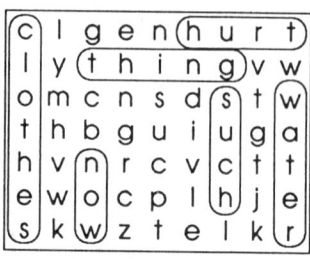

Page 41 – Try to Find the Words
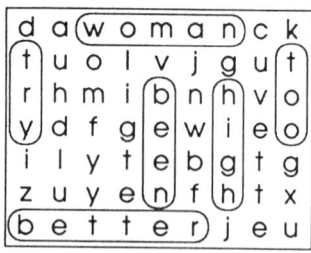

Page 42 – Search High and Low
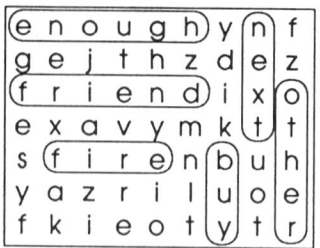

Page 43 – Show These Words
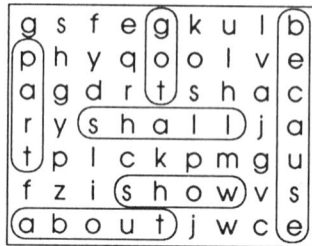

Page 44 – Never Give Up
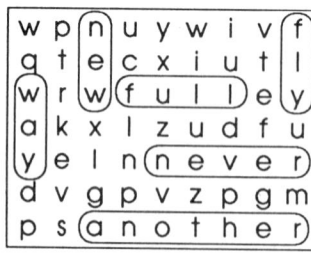

Page 45 – Use Your Eyes
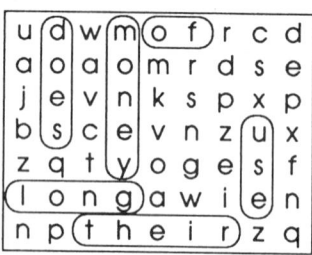

Page 46 – Find These Words
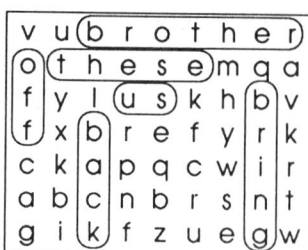

Page 47 – Be Sure
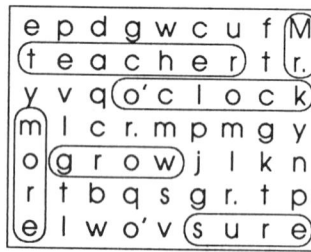

Page 48 – Do Your Own Work
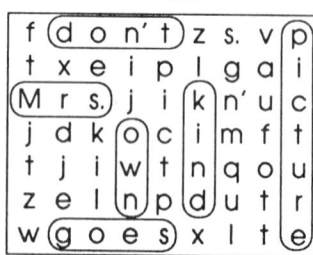

Page 49 – Don't Miss Any Words
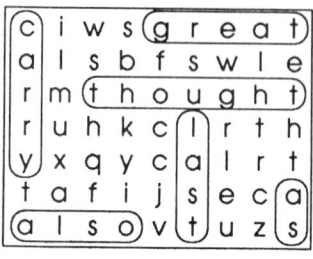

© Frank Schaffer Publications, Inc.   D   FS-8169 Homework Helpers—Word Searches 1

Girl and Boy

```
r a b o y w d b h
l r v d k m a i g
p i h c k q r j i
s g g r d i k p s
u h u y l y i h r
f t j v n m o r e
s h o r t v j n u
```

Opposite of **laugh**
Opposite of **less**
Opposite of **girl**
Opposite of **long**
Opposite of **light**
Opposite of **left**

Word Box
boy
cry
more
dark
short
right

Night and Day

```
w r w i u s g l y
a r f a t h e r e
l s k q u b n c s
w e f i o l d r i
a z a s y m v e v
y t r h x d a y u
s s j w p n s x i
```

Opposite of **no**
Opposite of **near**
Opposite of **new**
Opposite of **mother**
Opposite of **never**
Opposite of **night**

Word Box
far
day
yes
old
father
always

Open and Close

```
n u n d e r s l e
o t m f r h f i j
f w i c i k q w u
f e n u c h r o p
g x l i h l y r i
d c l o s e a k o
i g c u d d v x a
```

Opposite of **on**
Opposite of **out**
Opposite of **poor**
Opposite of **over**
Opposite of **open**
Opposite of **play**

Word Box
work
off
close
in
under
rich

Short and Long

```
s e q i u o p j a
h v e l f a s t i
l p s h o r t l t
v u k r i z o p t
l l k o f u n o q
n l r z v m i o e
j w o h e a a r y
```

Opposite of **she**
Opposite of **off**
Opposite of **push**
Opposite of **rich**
Opposite of **slow**
Opposite of **long**

Word Box
short
pull
he
on
fast
poor

Add and Subtract

```
u w r g h i j s k
f b o t t o m h f
s e t h i n f r a
f o z u k m v c l
r u i b n x a i s
o g i v e f d r e
m k e u c b d u f
```

Opposite of **to**
Opposite of **top**
Opposite of **true**
Opposite of **thick**
Opposite of **take**
Opposite of **subtract**

Word Box
add
thin
give
from
false
bottom

Yes and No

```
u e g n m o o k s
b t u k l p c b y
l p h m t e a s t
a l g a u c b v e
c a e n w r d l i
k y n f u x r o s
n d n o m r y i l
```

Opposite of **wet**
Opposite of **yes**
Opposite of **work**
Opposite of **white**
Opposite of **woman**
Opposite of **west**

Word Box
no
dry
man
east
play
black

Hide and Seek

```
f i v e p k u l p
p l e y f t o z r
o g s i l t d a o
s n a m e q r q r
n e i u h b r s g
f s w q y k e p f
j c n o j v d e s
```

I will go **to** your house.
He said **no** to me.
Is it big **or** little?
Four and one are **five**.
Look for my **name**.
Her house is **red**.

Are the Words Here?

```
n h e r e k l c k
u m k f e i k h u
a f o n w u g e n
j w s u d h v l r
z o r a n g e p e
m u x b w s b t s
y u l w a k u k o
```

I see **my** car.

Come **here** to me.

This is **so** funny.

A little mouse is **on** me.

I will **help** you.

The color is **orange**.

Do You See the Words?

```
w h x s d o f m u
y u l b l v s k r
e z m f r y l m o
l u d y i w s e z
l h e f d h n j u
o t r k e b g s t
w h f q a w h a t
```

I have a **yellow** car.

This is good for **me**.

She can **do** it.

Did **he** stop here?

I will **ride** with you.

This is **what** I like.

Look for the Words

i	g	r	e	e	n	b	i	k
h	n	e	r	i	h	h	a	s
v	s	t	o	p	u	l	b	h
w	v	m	p	n	h	r	u	i
i	k	g	h	w	a	l	h	m
l	e	u	b	t	v	o	p	k
l	u	k	u	v	e	q	s	y

Look at **him** run.

We can **stop** here.

My hat is **green**.

I **will** play with you.

I **have** to go.

She **has** a big house.

Find the Words

```
s a w z u w s u q
b p c a t k t e r
h r d v s l i k e
j f t q a i g b r
i p c o k y n l t
t s x n u f q u c
b a z e i q n e u
```

I can write **it**.

My hat is **blue**.

I **saw** an old dog.

Two and **one** are three.

I **like** to play.

My **cat** can run fast.

Jump Right In!

i	p	d	r	t	b	p	l	i
l	u	m	w	p	o	b	t	w
n	r	s	a	l	y	m	p	e
s	p	j	u	m	p	q	g	j
e	l	u	c	t	r	f	s	u
k	e	b	f	d	s	u	p	c
s	a	i	d	i	a	z	r	b

I can draw a **boy**.

Can **we** play here?

I **said** not to run.

I have a **purple** hat.

Look **up** at them.

Look at him **jump**.

Use Your Eyes

```
z b r o w n u d i
c r h u a k t y l
d o g v c h u o m
i q s k o e j u q
u d r h s r k r u
m p c y d i o l d
g p l a y o t d g
```

I can draw a **dog**.

Look at **her** jump.

I see a **brown** dog.

Here is **your** hat.

She will **play** here.

The man is **old**.

Find All the Words

```
a b h n t a l j d
u l b t s r c a n
t h i s l e y f b
h u j m b i r c i
x r s g q u a r g
m x v e s b l p n
s b l a c k l w a
```

I have a **black** cat.

The house is **big**.

I must eat **this**.

I **can** run fast.

This is **all** I have.

You **are** fast.

Hunt for the Words

```
f k q d i d x g z
u d g b r m c i q
n u c g f d r a w
n r f u l i j f h
y f o u r h d p u
n e c t e g i r l
x f o r l n a r j
```

I saw the **girl** play.

This is **funny**.

I **did** it.

This is **for** you.

I can **draw** a house.

Two and two are **four**.

Find the Words Now

```
c l g e n h u r t
l y t h i n g v w
o m c n v d s t w
t h b g u i u g a
h v n r c v c t t
e w o c p l h j e
s k w z t y l k r
```

Give me that **thing**.

I like to play in the **water**.

This is **such** a funny book.

I am not **hurt**.

Please help me **now**.

My **clothes** look pretty.

Try to Find the Words

```
d a w o m a n c k
t u o l v j g y t
r h m i b n h v o
y d f g e w i m o
i l y t e b g t g
z u y s n f h t x
b e t t e r j e u
```

How **high** is it?

I want a drink, **too**.

Please **try** this again.

This is much **better**.

The **woman** has a pretty dress.

I have **been** to the zoo.

Search High and Low

e	n	o	u	g	h	y	n	f
g	e	j	t	h	z	d	e	z
f	r	i	e	n	d	i	x	o
e	x	a	v	y	m	k	t	t
s	f	i	r	e	n	b	u	h
y	a	z	r	i	l	u	o	e
f	k	i	e	o	t	y	t	r

My **other** dog is funny.

I will **buy** this.

Keep away from **fire**.

I am **next**.

You are my **friend**.

I had **enough** to eat.

Show These Words

g	s	f	e	g	k	u	l	b
p	h	y	q	o	o	l	v	e
a	g	d	r	t	s	h	t	c
r	y	s	h	a	l	l	j	a
t	p	l	c	k	p	m	g	u
f	z	i	s	h	o	w	v	s
a	b	o	u	t	j	w	c	e

We **shall** help each other.

It is **about** one o'clock.

I will **show** you my book.

I **got** a book.

You can color this **part**.

I like him **because** he is kind.

Never Give Up

```
w p n u y w i v f
q t e c x i u t l
w r w f u l l e y
a k x l z u d f u
y e l n n e v e r
d v g p v z p g m
p s a n o t h e r
```

An airplane can **fly**.

The car is **full** of people.

Come this **way**.

I **never** saw a green cat.

This is a **new** crayon.

Here is **another** book.

Use Your Eyes

u	d	w	m	o	f	r	c	d
a	o	a	o	m	r	d	s	e
j	e	v	n	k	s	p	x	p
b	s	c	e	v	n	z	u	x
z	q	t	y	o	g	e	s	f
l	o	n	g	a	w	i	e	n
n	p	t	h	e	i	r	z	q

I have **their** letter.

I have no **money**.

You may **use** this.

We can take a **long** walk.

A cat **does** not fly.

She is a friend **of** my sister.

Find These Words

```
v u b r o t h e r
o t h e s e m q a
f y l u s k h b v
f x b r e f y r k
c k a p q c w i r
a b c n b r s n t
g i k f z u e g w
```

Look at **these** new books.

Keep **off** the grass.

Please **bring** it here.

Come **back** soon.

This is for **us**.

Her **brother** gave it to me.

Be Sure

```
e p d g w c u f M
t e a c h e r t r.
y v q o'c l o c k
m l c r. m p m g y
o g r o w j l k n
r t b q s g r. t p
e l w o'v s u r e
```

Are you **sure**?

Mr. Brown is my friend.

I will **grow** every year.

Here are **more** crayons.

It is four **o'clock**.

My **teacher** gave me this book.

Do Your Own Work

```
f d o n ' t z s. v p
t x e i p l g a i
M r s. j i k n ' u c
j d k o c i m f t
t j i w t n q o u
z e l n p d u t r
w g o e s x l t e
```

You are very **kind**.

This is my **own** paper.

We **don't** live here.

Mrs. Green is a teacher.

My car **goes** fast.

I will draw a **picture**.

Don't Miss Any Words

```
c i w s g r e a t
a l s b f s w l e
r m t h o u g h t
r u h k c l r t h
y x q y c a l r t
t a f i j s e c a
a l s o v t u z s
```

I **also** have a pencil.

We came home **last** night.

Please help me **carry** this.

I have the same book **as** you.

This is a **great** book.

I **thought** I saw a mouse.

WORD SEARCH AWARD

presented to

_____

for successfully completing this Homework Helper Book

_____　　_____
signed　　　　　　　　　　　　　　　　date